무량공덕15　　　　무비스님 편저

보현행원품

독송(讀誦) 공덕문(功德文)

  부처님은 범인(凡人)이 흉내 낼 수 없는 피나는 정진(精進)을 통해 큰 깨달음을 이루신 인류의 큰 스승이십니다. 그 깨달음으로 삶과 존재의 실상(實相)을 바르게 꿰뚫어 보시고 의미 있고 보람된 삶에 대하여 가르치셨습니다.

  부처님의 가르침을 전하는 사람을 법사(法師)라고 하는데, 법화경(法華經) 법사품(法師品)에는 다섯 가지 법사에 대하여 설파하고 있습니다. 그 첫째는 경전을 지니고 다니는 사람, 둘째는 경전을 읽는 사람, 셋째는 경전을 외우는 사람, 넷째는 경전을 해설하는 사람, 다섯째는 경전을 사경하는 사람입니다. 이 중 한 가지만 하더라도 훌륭한 법사이며, "법사의 길을 행하는 사람은 부처님의 장엄(莊嚴)으로 장엄한 사람이며, 부처

님께서 두 어깨로 업어주는 사람이다." 라고 말씀하고 있으니 세상을 살아가면서 이보다 더 큰 보람과 영광이 어디에 있겠습니까?

 이번에 제작된 〈무량공덕 독송본〉은 항상 지니고 다니면서 읽고 베껴 쓸 수 있는 경전입니다. 부디 많은 분들이 이 인연 공덕에 함께 하시어 큰깨달음 이루시고 행복하시기를 기원합니다.

독송공덕수승행 무변승복개회향
讀誦功德殊勝行 無邊勝福皆廻向(독송한 그 공덕 수승하여라, 가없는 그 공덕 모두 회향하여)

보원침익제유정 속왕무량광불찰
普願沈溺諸有情 速往無量光佛刹(이 세상 모든 사람 모든 생명, 한량없는 복된 삶 누려지이다.)

불기2549(2005)년 여름안거
금정산 범어사　如天 無比 합장

차례

제1장 서분(序分) ····· 7
　1. 여래공덕분 ····· 7

제2장 정종분(正宗分) ····· 8
　1. 십종서원 명칭 ····· 8
　2. 보현십대행원공덕분 ····· 41
　3. 보현보살십대 게송 ····· 51
　4. 여래찬탄 ····· 79

제3장 유통분(流通分) ····· 80
　1. 시회대중 신수봉행 ····· 80

▽▽ 한글보현행원품 ····· 83

▼ 전경/반야심경/대보루각다라니/무량수여래근본다라니/광명진언/보궐진언/보회향진언 ····· 125

보현행원품 普賢行願品

제일장 서분
第一章 序分

1. 여래공덕분
如來功德分

이시에 보현보살마하살이 칭탄여래승공덕
爾時 普賢菩薩摩訶薩 稱歎如來勝功德

이하시고 고제보살과 급선재언하사대 선남자야
已 告諸菩薩 及善財言

여래공덕은 **가사시방일체제제불**이 **경불가설불**
如來功德 假使十方一切諸佛 經不可說不
가설 불찰극미진수겁하야 **상속연설**하야도 **불가**
可說 佛刹極微塵數劫 相續演說 不可
궁진이니라
窮盡

제이장 정종분
第二章 正宗分

1. 십종서원 명칭
十種誓願 名稱

약욕성취 차 공덕문인댄 응수십종광대행

若欲成就 此 功德門 應修十種廣大行

願이니 何等 爲十 一者 禮敬諸佛이요 二 이

원이니 하등이 위십고 일자는 예경제불이요 이

者 稱讚如來 三者 廣修供養 四者

자는 칭찬여래요 삼자는 광수공양이요 사자는

懺悔業障 五者 隨喜功德 六者

참회업장이요 오자는 수희공덕이요 육자는

法輪 七者 請佛住世 八者 常隨佛學

법륜이요 칠자는 청불주세요 팔자는 상수불학

이요 九者 恒順衆生 十者 普皆廻向

이요 구자는 항순중생이요 십자는 보개회향이니라

(1) 예경제불
禮敬諸佛

선재 백언하사대 대성이시여 운하예경이며 내지
善財 白言 大聖 云何禮敬 乃至

회향이닛고 보현보살이 고선재언하사대 선남자야
廻向 普賢菩薩 告善財言 善男子

언예경제불자는 소유 진법계허공계 시방
言禮敬諸佛者 所有 盡法界虛空界 十方

삼세일체불찰극미진수 제불세존을 아이보현
三世一切佛刹極微塵數 諸佛世尊 我以普賢

행원력고로 심심신해하야 실이청정
行願力故 深心信解 如對目前 悉以淸淨

신어의업으로 상수예경하되 일일불소에 개현불

身語意業 常修禮敬 一一佛所 皆現不

가설불가설 불찰극미진수신하며 일일신으로

可說不可說 佛刹極微塵數身 一一身

변례 불가설불가설 불찰극미진수불호대 허공

遍禮 不可說不可說 佛刹極微塵數佛 虛空

계진하면 아례내진이어니와 이허공계 불가진고

界盡 我禮乃盡 以虛空界 不可盡故

로 아차예경도 무유궁진하야 여시내지중생계

我此禮敬 無有窮盡 如是乃至衆生界

진하며 중생업진하며 중생번뇌진하면 아례내진

盡 衆生業盡 衆生煩惱盡 我禮乃盡

이어니와 **이중생계**로 **내지번뇌 무유진고**로 **아차**
而衆生界 乃至煩惱 無有盡故 我此

예경도 **무유궁진**하야 **염념상속**하고 **무유간단**하여
禮敬 無有窮盡 念念相續 無有間斷

신어의업에 **무유피염**이니라
身語意業 無有疲厭

(2) 칭찬여래
稱讚如來

부차 선남자야 **언 칭찬여래자**는 **소유 진법**
復次 善男子 言 稱讚如來者 所有 盡法

계허공계 시방삼세일체찰토 소유극미의 일일
界虛空界 十方三世一切刹土 所有極微 一一

진중에 개유일체세계극미진수불하며 일일불소
塵中 皆有一切世界極微塵數佛 一一佛所

에 개유보살해회위요어든 아당실이심심승해와
皆有菩薩海會圍遶 我當悉以甚深勝解

현전지견으로 각이출과변재천녀미묘설근하며
現前知見 各以出過辯才天女微妙舌根

일일설근에 출 무진음성해하고 일일음성에 출
一一舌根 出無盡音聲海 一一音聲 出

일체언사해하여 칭양찬탄 일체여래제공덕해
一切言辭海 稱揚讚歎 一切如來諸功德海

13

하되 **궁미래제**히 **상속부단**하여 **진어법계**에 **무**
窮未來際 相續不斷 盡於法界 無

불주변하나니 **여시허공계진**하며 **중생계진**하며 **중**
不周遍 如是虛空界盡 衆生界盡 衆

생업진하며 **중생번뇌진**하면 **아찬**이 **내진**이어니와
生業盡 衆生煩惱盡 我讚 乃盡

이허공계와 **내지번뇌 무유진고**로 **아차찬탄**
而虛空界 乃至煩惱 無有盡故 我此讚歎

무유궁진하야 **염념상속**하고 **무유간단**하야 **신어**
無有窮盡 念念相續 無有間斷 身語

의업에 **무유피염**이니라
意業 無有疲厭

(3) 광수공양 廣修供養

부차 선남자야 언 광수공양자는 소유 진법
復次 善男子 言 廣修供養者 所有 盡法

계허공계 시방삼세일체불찰극미진중에 일일
界虛空界 十方三世一切佛刹極微塵中 一一

각유 일체세계 극미진수불하며 일일불소에 종
各有 一切世界 極微塵數佛 一一佛所 種

종보살해회로 위요어든 아이보현행원력고로 기
種菩薩海會 圍遶 我以普賢行願力故 起

심신해현전지견하야 실이상묘제공양구로 이위
深信解現前知見 悉以上妙諸供養具 而爲

공양호대 소위 화운과 만운이며 천음악운이며 천산개운이며 천의복운이며 천종종향인 도향이며 소향이며 말향이니 여시등운이 일일량여수미산왕하며 연종종등호되 수등이며 유등이며 제향유등이 일일등주 여수미산하며 일일등유여대해수하야 이여시등제공양구로 상위공양이니라 선남자야 제

供養 所謂 華雲 鬘雲 天音樂雲 天傘
蓋雲 天衣服雲 天種種香 塗香 燒香
末香 如是等雲 一一量如須彌山王
種種燈 酥燈 油燈 諸香油燈
一燈炷 如須彌山 一一燈油如大海水 以
如是等諸供養具 常爲供養 善男子 諸

공양중 법공양이 최이니 소위여설수행공양이며 供養中 法供養 最 所謂如說修行供養

이익중생공양이며 섭수중생공양이며 대중생고
利益衆生供養 攝受衆生供養 代衆生苦

공양이며 근수선근공양이며 불사보살업공양이며
供養 勤修善根供養 不捨菩薩業供養

불리보리심공양이니라 선남자야 여전공양무량
不離菩提心供養 善男子 如前供養無量

공덕을 비법공양일념공덕컨대 백분불급일이며
功德 比法供養一念功德 百分不及一

천분 불급일이며 백천구지나유타분과 가라분
千分 不及一 百千俱胝那由他分 迦羅分

과 산분 수분과 유분 우바니사타분에도 역불 산분 수분과 유분 우바니사타분에도 역불算分 數分 喻分 優婆尼沙陀分 亦不

급일이니 하이고오 이제여래가 존중법고며 이及一 何以故 以諸如來 尊重法故

여설행이 출생제불고며 약제보살이 행법공양如說行 出生諸佛故 若諸菩薩 行法供養

하면 즉득성취공양여래니 여시수행이 시진공則得成就供養如來 如是修行 是眞供

양고니라 차 광대최승공양을 허공계진하며 중생養故 此 廣大最勝供養 虛空界盡 衆生

계진하며 중생업진하며 중생번뇌진하면 아공이界盡 衆生業盡 衆生煩惱盡 我供

내진이어니와 이허공계와 내지 번뇌불가진고로
乃盡 而虛空界 乃至 煩惱不可盡故

아차공양도 역무유진하야 염념상속하고 무유간
我此供養 亦無有盡 念念相續 無有間

단하야 신어의업에 무유피염이니라
斷 身語意業 無有疲厭

(4) 참제업장
懺除業障

부차 선남자야 언 참제업장자는 보살이 자념
復次 善男子 言 懺除業障者 菩薩 自念

호대 아어과거무시겁중에 유탐진치하야 발신
我於過去無始劫中 由貪瞋癡 發身
구의하야 작제악업이 무량무변하니 약차악업이
口意 作諸惡業 無量無邊 若此惡業
유체상자인댄 진허공계라도 불능용수하리니 아금
有體相者 盡虛空界 不能容受 我今
에 실이청정삼업하야 변어법계극미진찰일체제
悉以淸淨三業 遍於法界極微塵刹一切諸
불보살중전에 성심참회호대 후불부조하고 항주
佛菩薩衆前 誠心懺悔 後不復造 恒住
정계일체공덕호리라 하여 여시하야 허공계진하며
淨戒一切功德 如是 虛空界盡

(5) 수희공덕
隨喜功德

중생계진하며 衆生界盡 중생업진하며 衆生業盡 중생번뇌진하면 衆生煩惱盡 아

참도 내진이어니와 이허공계와 내지중생번뇌 불
懺 乃盡 而虛空界 乃至衆生煩惱 不

가진고로 아차참회도 무유궁진하야 염념상속
可盡故 我此懺悔 無有窮盡 念念相續

하고 무유간단하야 신어의업에 무유피염이니라
無有間斷 身語意業 無有疲厭

부차 선남자야 언 수희공덕자는 소유 진법계

復次 善男子 言 隨喜功德者 所有 盡法界

허공계 시방삼세일체불찰 극미진수 제불여

虛空界 十方三世一切佛刹 極微塵數 諸佛如

래 종초발심으로 위일체지하야 근수복취호대 불

來 從初發心 爲一切智 勤修福聚 不

석신명을 경 불가설불가설 불찰극미진수겁

惜身命 經 不可說不可說 佛刹極微塵數劫

하며 일일겁중에 사 불가설부가설 불찰극미진

一一劫中 捨 不可說不可說 佛刹極微塵

수두목수족하야 여시일체 난행고행으로 원만종

數頭目手足 如是一切難行苦行 圓滿種

종바라밀문하며 種波羅蜜門 증입종종 證入種種 보살지지하며 菩薩智地 성취 成就

제불무상보리와 諸佛無上菩提 급반열반하야 及般涅槃 분포사리하시는 分布舍利

소유선근을 所有善根 아개수희하며 我皆隨喜

육취사생일체종류의 六趣四生一切種類 소유공덕을 所有功德 내지일진이라고 乃至一塵

급피시방일체세계 及彼十方一切世界

아개수희하며 我皆隨喜 시방삼세일체성문과 十方三世一切聲聞 급 벽지불 及 辟支佛

과 유학 무학의 有學 無學 소유공덕을 所有功德 아개수희하며 我皆隨喜 일체 一切

보살의 소수무량난행고행으로 지구 무상정등
菩薩 所修無量難行苦行 志求無上正等

보리한 광대공덕을 아개수희호대 여시허공계
菩提 廣大功德 我皆隨喜 如是虛空界

진하며 중생계진하며 중생업진하며 여시번뇌진
盡 衆生界盡 衆生業盡 衆生煩惱盡

하야도 아차수희는 무유궁진하야 염념상속하고
我此隨喜 無有窮盡 念念相續

무유간단하야 신어의업에 무유피염이니라
無有間斷 身語意業 無有疲厭

(6) 청전법륜
請轉法輪

부차 선남자야 언 청전법륜자는 소유 진법
復次 善男子 言 請轉法輪者 所有 盡法

계허공계시방삼세일체불찰극미진중에 일일
界虛空界十方三世一切佛刹極微塵中 一一

각유 불가설불가설불찰극미진수 광대불찰
各有 不可說不可說佛刹極微塵數 廣大佛刹

하며 일일찰중에 염념유불가설불가설불찰극
一一刹中 念念有不可說不可說佛刹極

미진수일체제불이 성등정각하고 일체보살해회
微塵數一切諸佛 成等正覺 一切菩薩海會

로 圍遶어든 **이아실이신구의업**과 **종종방편**으로 而我悉以身口意業 種種方便

은근권청이 **전묘법륜**호대 **여시 허공계진**하며 **중** 殷勤勸請 轉妙法輪 如是虛空界盡 衆

생계진하며 **중생업진**하며 **중생번뇌진**하야도 **아상** 生界盡 衆生業盡 衆生煩惱盡 我常

권청일체제불이 **전정법륜**은 **무유궁진**하야 **염** 勸請一切諸佛 轉正法輪 無有窮盡 念

념상속하고 **무유간단**하야 **신어의업**에 **무유피염** 念相續 無有間斷 身語意業 無有疲厭

이니라

(7) 청불주세 請佛住世

부차 선남자야 언 청불주세자는 소유 진법
復次 善男子 言 請佛住世者 所有 盡法

계허공계 시방삼세 일체불찰 극미진수 제불
界虛空界 十方三世 一切佛刹 極微塵數 諸佛

여래 장욕시현반열반자와 급제보살과 성문연
如來 將欲示現般涅槃者 及諸菩薩 聲聞緣

각인 유학무학과 내지일체제선지식에 아실권
覺인 有學無學 乃至一切諸善知識 我悉勸

청호되 막입열반하고 경어일체불찰극미진수겁을
請 莫入涅槃 經於一切佛刹極微塵數劫

위욕이락일체중생하소서하나니라 如是 허공계진하
爲欲利樂一切衆生   虛空界盡
며
　중생계진하며 중생업진하며 중생번뇌진하야도
　衆生界盡　　衆生業盡　　衆生煩惱盡

아차권청은 무유궁진하야 염념상속하고 무유간
我此勸請　無有窮盡　　念念相續　　無有間
단하야 신어의업에 무유피염이니라
斷　　身語意業　無有疲厭

(8) 상수불학
　　常隨佛學

부차 선남자야 언 상수불학자는 여차사바 세계 비로자나여래 종초발심으로 정진불퇴하되 이불가설불가설 신명으로 이위보시하며 박피위 지하고 석골위필하며 자혈위묵하야 서사경전을 적여수미라도 위중법고로 불석신명이어든 하황 왕위성읍취락이며 궁전원림이며 일체소유와

復次 善男子 言 常隨佛學者 如此娑婆
世界 毘盧遮那如來 從初發心 精進不退하되
以不可說不可說 身命으로 而爲布施 剝皮爲
紙하고 析骨爲筆 刺血爲墨 書寫經典
積如須彌 爲重法故 不惜身命 何況
王位城邑聚落 宮殿園林 一切所有

29

급여종종난행고행이며 及餘種種難行苦行 乃至樹下 成大菩提

시종종신통하며 起種種變化 現種種佛身 示種種神通

기종종변화하야

현종종불신하며

처종종중회호대 或處一切諸大菩薩衆會道場 處種種衆會

혹처성문급벽지불중회도량하며 或處聲聞及辟支佛衆會道場

혹처일체제대보살중회도량하며

소왕권속중회도량하며 小王眷屬衆會道場

혹처찰리급바라문장자 或處刹利及婆羅門長者

거사중회도량하며 乃至 或處天龍八部人非人 居士衆會道場

혹처전륜성왕 或處轉輪聖王

혹처천룡팔부인비인

내지수하에 성대보리하고

등중회도량하야 처어여시종종중회하되 이 원
等衆會道場 處於如是種種衆會 以
滿音이여 대뢰진하야 수기요욕하야 성숙중생
滿音 如大雷震 隨其樂欲 成熟衆生
하며 내지시현 입어열반하는 여시일체를 아개수
乃至示現 入於涅槃 如是一切 我皆隨
학호대 여금세존비로자나하나니 여시하야 진법계
學 如今世尊毘盧遮那 如是 盡法界
허공계 시방삼세 일체불찰 소유진중의 일
虛空界 十方三世 一切佛刹 所有塵中 一
체여래도 개역여시하야 어염념중에 아개수학하나
切如來 皆亦如是 於念念中 我皆隨學

니라 **여시 허공계진**하며 **중생계진**하며 **중생업진**
하며 *如是 虛空界盡* *衆生界盡* *衆生業盡*
중생번뇌진하야도 **아차수학**은 **무유궁진**하야
衆生煩惱盡 *我此隨學* *無有窮盡*
염념상속하고 **무유간단**하야 **신어의업**에 **무유피염**
念念相續 *無有間斷* *身語意業* *無有疲厭*
이니라

(9) 항순중생
恒順衆生

부차 선남자야 **언 항순중생자**는 **위진법계허**
復次 善男子 言 恒順衆生者 謂盡法界虛

32

공계시방찰해 소유중생이 종종차별하니 소위난
空界十方刹海所有衆生　種種差別　所謂卵

생태생이며 습생화생이라 혹유의어 지수화풍이
生胎生　　濕生化生　　或有依於 地水火風而

생주자며 혹유의공과 급제훼목 이생주자며 종
生住者　或有依空 及諸卉木 而生住者　種

종생류와 종종색신과 종종형상과 종종상모와
種生類　 種種色身　種種形狀　種種相貌

종종수량과 종종족류와 종종명호와 종종심성과
種種壽量　種種族類　種種名號　種種心性

종종지견과 종종욕요와 종종의행과 종종위의
種種知見　種種欲樂　種種意行　種種威儀

와 **종종의복**과 種種衣服 **종종음식**으로 種種飲食 處於種種村營聚 **락성읍궁전**하며 落城邑宮殿 乃至 **일체천룡팔부인비인등**과 一切天龍八部人非人等 **무족이족**과 無足二足 **사족다족**과 四足多足 **유색무색**과 有色無色 **유상무상** 有想無想 **비유상비무상**인 非有想非無想 **여시등류**를 如是等類 **아개어피**에 我皆於彼 隨 **순이전**하며 順而轉 **종종승사**하며 種種承事 **종종공양**호대 種種供養 如敬父 **여경부** **모**하며 如奉師長 **여봉사장** 及阿羅漢 **급아라한**하야 乃至如來 **내지여래**로 **등** 等

무유이하야 어제병고에 위작양의하며 어실도자
無有異 於諸病苦 爲作良醫 於失道者

에 시기정로하며 어암야중에 위작광명하며 어
示其正路 於暗夜中 爲作光明 於

빈궁자에 영득복장하나니 보살이 여시 평등요익
貧窮者 令得伏藏 菩薩 如是 平等饒益

일체중생하나니 하이고오 보살이 약능수순중
一切衆生 何以故 菩薩 若能隨順衆

생하면 즉위수순공양제불이며 약어중생에 존
生 則爲隨順供養諸佛 若於衆生 尊

중승사하면 즉위존중승사여래며 약령중생으로
重承事 則爲尊重承事如來 若令衆生

생환희자生歡喜者면 즉령일체여래則令一切如來로 환희歡喜니 하이고何以故오

제불여래諸佛如來는 이대비심以大悲心으로 이위체고而爲體故로 인어중因於衆

생生하야 이기대비而起大悲하며 인어대비因於大悲하야 생보리심生菩提心하며

인보리심因菩提心하야 성등정각成等正覺하나니 비여광야사적지譬如曠野沙磧之

중中에 유대수왕有大樹王커든 약근득수若根得水하면 지엽화과실개枝葉華果悉皆

번무繁茂인달하야 생사광야生死曠野에 보리수왕菩提樹王도 역부여시亦復如是

하니 생사광야生死曠野에 보리수왕菩提樹王도 역부여시亦復如是

하야 일체중생으로 而爲樹根 諸佛菩薩而 이위수근하고 제불보살로 이

위화과하니 以大悲水 饒益衆生 則能成 위화과 爲華果

제불보살 지혜화과니라 諸佛菩薩 智慧華果 제불보살

이대비수로 요익중생하면 즉능성취 以大悲水 饒益衆生

하이고오 약제보살이 何以故 若諸菩薩

이대비수로 요익중생하면 즉능성취아뇩다라삼 則能成就阿耨多羅三

먁삼보리고니라 是故 菩提는 屬於衆生하니 若 貌三菩提故

시고로 보리는 속어중생하니 약

무중생이면 일체보살이 종불능성무상정각하나니라 無衆生 一切菩薩 終不能成無上正覺

선남자야 여어차의에 응여시해니라 이어중생

善男子 汝於此義 應如是解 以於衆生

에 심평등고로 즉능성취원만대비하며 이대비심

心平等故 則能成就圓滿大悲 以大悲心

으로 수중생고로 즉능성취공양여래하나니라 보살

隨衆生故 則能成就供養如來 菩薩

이 여시수순중생하야 허공계진하며 중생계진하며

如是隨順衆生 虛空界盡 衆生界盡

중생업진하며 중생번뇌진하야도 아차수순은 무

衆生業盡 衆生煩惱盡 我此隨順 無

유궁진하야 염념상속하고 무유간단하야 신어의

有窮盡 念念相續 無有間斷 身語意

업에 무유피염이니라

業 無有疲厭

(10) 보개회향

普皆廻向

부차 선남자야 언 보개회향자는 종초예배로

復次 善男子 言 普皆廻向者 從初禮拜

내지수순의 소유공덕을 개실회향 진법계허공

乃至隨順 所有功德 皆悉廻向 盡法界虛空

계 일체중생호대 원령중생으로 상득안락하고 무

界 一切衆生 願令衆生 常得安樂 無

제병고하며 욕행악법이어든 개실부성하고 소수선

업은 개속성취하며 관폐일체제악취문하고 개시

諸病苦 欲行惡法 皆悉不成 所修善

業 皆速成就 關閉一切諸惡趣門 開示

인천열반정로하며

人天涅槃正路

업고로 소감일체극중고과를 아개대수하야 영피

業故 所感一切極重苦果 我皆代受 令彼

중생으로 실득해탈하야 구경성취무상보리케하나니

衆生 悉得解脫 究竟成就無上菩提

보살이 여시소수회향을 허공계진하며 중생계진

菩薩 如是所修廻向 虛空界盡 衆生界盡

하며 중생업진하며 중생번뇌진하야도 아차회향은
衆生業盡 衆生煩惱盡 我此廻向

무유궁진하야 염념상속하고 무유간단하야 신어
無有窮盡 念念相續 無有間斷 身語

의업에 무유피염이니라
意業 無有疲厭

2. 보현십대행원 공덕
普賢十大行願 功德

선남자야 시위보살마하살의 십종대원 구
善男子 是爲菩薩摩訶薩 十種大願 具

41

족원만이니 약제보살이 어차대원에 수순취입

足圓滿 若諸菩薩 於此大願 隨順趣入

하면 **즉능성숙일체중생**이며 **즉능수순아뇩다라**

則能成熟一切衆生 則能隨順阿耨多羅

삼먁삼보리이며 **즉능성만보현보살 제행원**

三藐三菩提 則能成滿普賢菩薩 諸行願

해이니 **시고로 선남자야 여어차의 응여시지**

海 是故 善男子 汝於此義 應如是知

니라

약유선남자선여인하야 **이만시방무량무변 불**

若有善男子善女人 以滿十方無量無邊 不

가설불가설 불찰극미진수 일체세계 상묘칠

可說不可說 佛刹極微塵數 一切世界 上妙七

보와 급제인천최승안락하야 보시이소일체세

寶 及諸人天最勝安樂 布施爾所一切世

계소유중생하며 공양이소일체세계 제불보살

界所有衆生 供養爾所一切世界 諸佛菩薩

호대 경이소불찰극미진수겁을 상속불단한 소

호대 經爾所佛刹極微塵數劫 相續不斷 所

득공덕과 약부유인하야 문차원왕 일경어이한

得功德 若復有人 聞此願王 一經於耳

소유공덕으로 비전공덕컨댄 백분불급일이며

所有功德 比前功德 百分不及一

천분불급일이며 내지 우바니사타분에도 역불급일이니라 乃至 優婆尼沙陀分 亦不及一 혹부유인하야 이심신심으로 어차대원을 受持讀誦 或復有人 以深信心 於此大願 수지독송하며 내지 서사일사구게 하면 속능 乃至 書寫一四句偈 速能 제멸오무간업하고 소유세간신심등병과 종종고뇌와 내지 불찰극미진수일체악업을 개득소제 除滅五無間業 所有世間身心等病 種種苦惱 乃至 佛刹極微塵數一切惡業 皆得銷除 하며 일체마군과 야차나찰과 약구반다와 약비 一切魔軍 夜叉羅刹 若鳩槃茶 若毘

사사와 약부다등 음혈담육하는 제악귀신이 개
舍閣 若部多等 飮血噉肉 諸惡鬼神 皆

실원리하며 혹시발심하야 친근수호하리니
悉遠離 或時發心 親近守護

시고로 약인이 송차원자면 행어세간호되 무
是故 若人 誦此願者 行於世間 無

유장애 여공중월이 출어운예인달하니 제불보
有障碍 如空中月 出於雲翳 諸佛菩

살지소칭찬이며 일체인천이 개응예경하며 일체
薩之所稱讚 一切人天 皆應禮敬 一切

중생이 실응공양하리니 차선남자는 선득인신하야
衆生 悉應供養 此善男子 善得人身

원만보현소유공덕하고 불구에 당여보현보살하야
圓滿普賢所有功德 不久 當如普賢菩薩

속득성취미묘색신하야 구삼십이대장부상하며
야 速得成就微妙色身 具三十二大丈夫相

약생인천하며 소재지처에 상거승족하야 실능
若生人天 所在之處 常居勝族 悉能

파괴일체악취하며 실능원리일체악우하며 실능
破壞一切惡趣 悉能遠離一切惡友

제복일체외도하며 실능해탈일체번뇌호대 여사
制伏一切外道 悉能解脫一切煩惱 如師

자왕이 최복군수인달하야 감수일체중생공양하리라
子王 摧伏群獸 堪受一切衆生供養

우부시인은 임명종시 최후찰나에 일체제근
又復是人 臨命終時 最後刹那 一切諸根
은 실개산괴하며 일체친속은 실개사리하며 일체
悉皆散壞 一切親屬 悉皆捨離 一切
위세는 실개퇴실하고 보상대신과 궁성내외와
威勢 悉皆退失 輔相大臣 宮城內外
상마거승과 진보복장 여시일체는 무부상수
象馬車乘 珍寶伏藏 如是一切 無復相隨
호대 유차원왕은 불상사리하야 어일체시에 인
唯此願王 不相捨離 於一切時 引
도기전하야 일찰나중에 즉득왕생극락세계하며
導其前 一刹那中 卽得往生極樂世界

도에 **즉견아미타불**과 **문수사리보살**과 **보현**
到已 即見阿彌陀佛 文殊師利菩薩 普賢

보살과 **관자재보살**과 **미륵보살등**이어든 **차제보**
菩薩 觀自在菩薩 彌勒菩薩等 此諸菩

살이 **색상**이 **단엄**하고 **공덕구족**으로 **소공위요**어든
薩 色相 端嚴 功德具足 所共圍遶

기인이 **자견생연화중**하야 **몽불수기**하고 **득수기**
其人 自見生蓮華中 蒙佛授記 得授記

이하야는 **경어무수백천만억나유타겁**을 **보어시**
已 經於無數百千萬億那由他劫 普於十

방불가설불가설세계에 **이지혜력**으로 **수중생심**
方不可說不可說世界 以智慧力 隨衆生心

하야 **이위이익**하며 불구에 **당좌보리도량**하야 항이위이익하며 而爲利益 不久 當坐善提道場 降

복마군하고 **성등정각**하야 **전묘법륜**하야 **능령불**
伏魔軍 成等正覺 轉妙法輪 能令佛

찰극미진수세계중생으로 **발보리심**하며 **수기근**
刹極微塵數世界衆生 發菩提心 隨其根

성하야 **교화성숙**하며 내지 진어미래겁해를 광
性 敎化成熟 乃至 盡於未來劫海 廣

능이익일체중생하리니 **선남자**야 **피제중생**이 약
能利益一切衆生 善男子 彼諸衆生 若

문약신차대원왕커나 **수지독송**하며 **광위인설**하는
聞若信此大願王 受持讀誦 廣爲人說

소유공덕은 所有功德 제불세존하고 除佛世尊 여무지자니 시고로 餘無知者 是故

여등은 汝等 문차원왕에 聞此願王 막생의념하고 莫生疑念 응당제수 應當諦受

수이능독하고 독이능송하며 송이능지하고 내지
受已能讀 讀已能誦 誦已能持 乃至

서사하야 광위인설이니 시제인등은 어일념중에
書寫 廣爲人說 是諸人等 於一念中

소유행원을 개득성취하며 소회복취 무량무변
所有行願 皆得成就 所獲福聚 無量無邊

하야 능어번뇌대고해중에 발제중생하야 영기출
能於煩惱大苦海中 拔濟衆生 令其出

리 하야 皆得往生阿彌陀佛極樂世界 하나니라

3. 보현보살십대 게송
普賢菩薩十大 偈頌

이시에 보현보살마하살이 욕중선차의 하야
爾時 普賢菩薩摩訶薩 欲重宣此義

보관시방 하고 이설게언 하시되
普觀十方 而說偈言

(1) 예경제불
禮敬諸佛

소유시방세계중의 所有十方世界中
삼세일체인사자를 三世一切人師子

아이청정신어의하야 我以淸淨身語意
일체변례진무여하며 一切遍禮盡無餘

보현행원위신력으로 普賢行願威神力
보현일체여래전하며 普現一切如來前

일신부현찰진신하야 一身復現刹塵身
일일변례찰진불이로다 一一遍禮刹塵佛

(2) 칭찬여래
稱讚如來

어일진중진수불이 각처보살중회중커든
於一塵中塵數佛 各處菩薩衆會中

무진법계진역연을 심신제불개충만하며
無盡法界塵亦然 深信諸佛皆充滿

각이일체음성해로 보출무진묘언사하야
各以一切音聲海 普出無盡妙言詞

진어미래일체겁을 찬불심심공덕해로다
盡於未來一切劫 讚佛甚深功德海

(3) 광수공양 廣修供養

이제최승묘화만과
以諸最勝妙華鬘

여시최승장엄구로
如是最勝莊嚴具

최승의복최승향과
最勝衣服最勝香

일일개여묘고취를
一一皆如妙高聚

아이광대승해심하야
我以廣大勝解心

기악도향급산개하야
伎樂塗香及傘蓋

아이공양제여래하며
我以供養諸如來

말향소향여등촉이
末香燒香與燈燭

아실공양제여래하며
我悉供養諸如來

심신일체삼세불하며
深信一切三世佛

실이보현행원력하야 보변공양제여래로다
悉以普賢行願力　普遍供養諸如來

(4) 참제업장
懺除業障

아석소조제악업이 **개유무시탐진치**라
我昔所造諸惡業　皆由無始貪瞋癡

종신어의지소생을 **일체아금개참회**로다
從身語意之所生　一切我今皆懺悔

(5) 수희공덕
隨喜功德

시방일체제중생과
十方一切諸衆生

일체여래여보살의
一切如來與菩薩

이승유학급무학과
二乘有學及無學

소유공덕개수희로다
所有功德皆隨喜

(6) 청전법륜
請轉法輪

시방소유세간등과
十方所有世間燈

최초성취보리자에
最初成就菩提者

아금일체개권청하야 전어무상묘법륜이로다

我今一切皆勸請 轉於無上妙法輪

(7) 청불주세
請佛住世

제불약욕시열반커든 아실지성이권청호대

諸佛若欲示涅槃 我悉至誠而勸請

유원구주찰진겁하야 이락일체제중생이로다

唯願久住剎塵劫 利樂一切諸衆生

(8) 보개회향
普皆廻向

소유예찬공양불과 청불주세전법륜과
所有禮讚供養佛 請佛住世轉法輪

수희참회제선근을 회향중생급불도로다
隨喜懺悔諸善根 廻向衆生及佛道

(9) 상수불학
常隨佛學

아수일체여래학하야 수습보현원만행하며
我隨一切如來學 修習普賢圓滿行

공양과거제여래와 及與現在十方佛과

供養過去諸如來

미래일체천인사하야
未來一切天人師

아원보수삼세학하야
我願普隨三世學

급여현재시방불과

일체의요개원만하며
一切意樂皆圓滿

속득성취대보리로다
速得成就大菩提

(10) 항순중생
恒順衆生

소유시방일체찰에
所有十方一切刹

광대청정묘장엄에
廣大淸淨妙莊嚴

중회위요제여래하야
衆會圍遶諸如來

실재보리수왕하커든
悉在菩提樹王下

시방소유제중생이
十方所有諸衆生

원리우환상안락하고
遠離憂患常安樂

획득심심정법리하야
獲得甚深正法利

멸제번뇌진무여로다
滅除煩惱盡無餘

수지원
受持願

아위보리수행시에
我爲菩提修行時

일체취중성숙명하고
一切趣中成宿命

상득출가수정계하야
常得出家修淨戒

무구무파무천루하며
無垢無破無穿漏

60

천룡야차구반다와 乃至人與非人等

天龍夜叉鳩槃茶

소유일체중중어로 **실이제음이설법**이로다

所有一切衆生語 悉以諸音而說法

수행이리원

修行二利願

근수청정바라밀하야 **항불망실보리심**하고

勤修淸淨波羅蜜 恒不忘失菩提心

멸제장구무유여하야 **일체묘행개성취**하며

滅除障垢無有餘 一切妙行皆成就

어제혹업급마경과 **세간도중득해탈**을

於諸惑業及魔境 世間道中得解脫

유여연화불착수하고 猶如蓮華不著水

亦如日月不住空

역여일월불주공이로다

성숙중생행원
成熟衆生行願

실제일체악도고하고
悉除一切惡道苦

등여일체군생락을
等與一切群生樂

여시경어찰진겁하야
如是經於刹塵劫

시방이익항무진하며
十方利益恒無盡

아상수순제중생호대
我常隨順諸衆生

진어미래일체겁하며
盡於未來一切劫

항수보현광대행하야
恒修普賢廣大行

원만무상대보리로다
圓滿無上大菩提

불리원
不離願

소유여아동행자는 어일체처동집회하야
所有與我同行者 於一切處同集會

신구의업개동등하야 일체행원동수학하며
身口意業皆同等 一切行願同修學

소유익아선지식이 위아현시보현행커든
所有益我善知識 爲我顯示普賢行

상원여아동집회하야 어아상생환희심이로다
常願與我同集會 於我常生歡喜心

공양원
供養願

원상면견제여래가
願常面見諸如來

급제불자중위요하고
及諸佛子衆圍遶

어피개흥광대공을
於彼皆興廣大供

진미래겁무피염하며
盡未來劫無疲厭

원지제불미묘법하야
願持諸佛微妙法

광현일체보리행하며
光顯一切菩提行

구경청정보현도를
究竟淸淨普賢道

진미래겁상수습이로다
盡未來劫常修習

이익원
利益願

아어일체제유중에
我於一切諸有中

소수복지항무진하며
所修福智恒無盡

64

정혜방편급해탈로 획제무진공덕장하며
定慧方便及解脫 獲諸無盡功德藏

일진중유진수찰하고 일일찰유난사불한대
一塵中有塵數刹 一一刹有難思佛

일일불처중회중에 아견항연보제행이로다
一一佛處衆會中 我見恒演菩提行

전법륜원
轉法輪願

보진시방제찰해와 일일모단삼세해와
普盡十方諸刹海 一一毛端三世海

불해급여국토해에 아변수행경겁해하며
佛海及與國土海 我徧修行經劫海

일체여래어청정이라 일언구중음성해하고
一切如來語淸淨 一言具衆音聲海

수제중생의요음이 일일류불변재해한대
隨諸衆生意樂音 一一流佛辯才海

삼세일체제여래가 어피무진어언해로
三世一切諸如來 於彼無盡語言海

항전이취묘법륜커든 아심지력보능입이로다
恒轉理趣妙法輪 我深智力普能入

정토원
淨土願

아능심입어미래하야 진일체겁위일념하고
我能深入於未來 盡一切劫爲一念

삼세소유일체겁을 三世所有一切劫

위일념제아개입하며 爲一念際我皆入

아어일념견삼세에 我於一念見三世

소유일체인사자하고 所有一切人師子

역상입불경계중하되 亦常入佛境界中

여환해탈급위력이로다 如幻解脫及威力

승사원 承事願

어일모단극미중에 於一毛端極微中

출현삼세장엄찰커든 出現三世莊嚴刹

시방진찰제모단에 十方塵刹諸毛端

아개심입이엄정하며 我皆深入而嚴淨

67

소유미래조세등이 성도전법오군유하고
所有未來照世燈 成道轉法悟群有

구경불사시열반커든 아개왕예이친근이로다
究竟佛事示涅槃 我皆往詣而親近

성정각원
成正覺願

속질주변신통력과 보문변입대승력과
速疾周遍神通力 普門遍入大乘力

지행보수공덕력과 위신보부대자력과
智行普修功德力 威神普覆大慈力

변정장엄승복력과 무착무의지혜력과
遍淨莊嚴勝福力 無著無依智慧力

정혜방편위신력과
定慧方便威神力

보능적집보리력과
普能積集菩提力

청정일체선업력으로
淸淨一切善業力

최멸일체번뇌력하고
摧滅一切煩惱力

항복일체제마력하며
降伏一切諸魔力

원만보현제행력이로다
圓滿普賢諸行力

총결대원
總結大願

보능엄정제찰해하고
普能嚴淨諸刹海

해탈일체중생해하며
解脫一切衆生海

선능분별제법해하고
善能分別諸法海

능심심입지혜해하며
能甚深入智慧海

보능청정제행해하고 원만일체제원해하며
普能清淨諸行海 圓滿一切諸願海

친근공양제불해하야 수행무권경겁해하며
親近供養諸佛海 修行無倦經劫海

삼세일체제여래의 최승보리제행원을
三世一切諸如來 最勝菩提諸行願

아개공양원만수하야 이보현행오보리로다
我皆供養圓滿修 以普賢行悟菩提

결귀보현
結歸普賢

일체여래유장자하니 피명호왈보현존이라
一切如來有長子 彼名號曰普賢尊

아금회향제선근하노니
我今廻向諸善根

원제지행실동피어다
願諸智行悉同彼

원신구의항청정하고
願身口意恒清淨

여시지혜호보현이니
如是智慧號普賢

결귀문수
結歸文殊

아위변정보현행과
我爲遍淨普賢行

만피사업진무여하고
滿彼事業盡無餘

제행찰토역부연이라
諸行刹土亦復然

원아여피개동등이로다
願我與彼皆同等

문수사리제대원하야
文殊師利諸大願

미래제겁항무권하며
未來際劫恒無倦

71

아소수행무유량하야 획득무량제공덕하며
我所修行無有量 獲得無量諸功德

안주무량제행중하야 요달일체신통력하며
安住無量諸行中 了達一切神通力

문수사리용맹지와 보현혜행역부연이라
文殊師利勇猛智 普賢慧行亦復然

아금회향제선근하노니 수피일체상수학이어다
我今廻向諸善根 隨彼一切常修學

결귀회향
結歸廻向

삼세제불소칭탄인 여시최승제대원을
三世諸佛所稱歎 如是最勝諸大願

아금회향제선근은 我今廻向諸善根 위득보현수승행이라 爲得普賢殊勝行

원생정토 願生淨土

원아임욕명종시에 願我臨欲命終時 진제일체제장애하고 盡除一切諸障碍

면견피불아미타하야 面見彼佛阿彌陀 즉득왕생안락찰하며 即得往生安樂刹

아기왕생피국이에 我既往生彼國已 현전성취차대원하고 現前成就此大願

일체원만진무여하야 一切圓滿盡無餘 이락일체중생계하며 利樂一切衆生界

피불중회함청정이어든 아시어승연화생하야
彼佛衆會咸清淨 我是於勝蓮華生

친도여래무량광하고 현전수아보리기하며
親覩如來無量光 現前授我菩提記

몽피여래수기이하고 화신무수백구지하며
蒙彼如來授記已 化身無數百俱胝

지력광대변시방하야 보리일체중생계하여지이다
智力廣大遍十方 普利一切衆生界

총결시문무진
總結十門無盡

내지허공세계진하고 중생급업번뇌진하며
乃至虛空世界盡 衆生及業煩惱盡

여시일체무진시라 **아원구경항무진**하리라
如是一切無盡時 我願究竟恒無盡

경수승 공덕
經殊勝 功德

시방소유무변찰의 **장엄중보공여래**하고
十方所有無邊刹 莊嚴衆寶供如來

최승안락시천인하야 **경일체찰미진겁**이라도
最勝安樂施天人 經一切刹微塵劫

약인어차승원왕에 **일경어이능생신**하고
若人於此勝願王 一經於耳能生信

구승보리심갈앙하면 **획승공덕과어피**라
求勝菩提心渴仰 獲勝功德過於彼

즉상원리악지식하고 영리일체제악도하며
即常遠離惡知識 永離一切諸惡道

속견여래무량광하야 구차보현최승원하니
速見如來無量光 具此普賢最勝願

차인선득승수명하며 차인선래인중생하며
此人善得勝壽命 此人善來人中生

차인불구당성취하야 여피보현보살행하리
此人不久當成就 如彼普賢菩薩行

왕석유무지혜력하야 소조극악오무간도
往昔由無智慧力 所造極惡五無間

송차보현대원왕하면 일념속질개소멸하며
誦此普賢大願王 一念速疾皆消滅

족성종류급용색과 상호지혜함원만하니

族姓種類 及容色 相好智慧咸圓滿

제마외도불능최라

諸魔外道不能摧

속예보리대수왕하야 감위삼계소응공하며

速詣菩提大樹王 堪爲三界所應供

성등정각전법륜하야 좌이항복제마중하고

成等正覺轉法輪 坐已降伏諸魔衆

보리일체제함식하리라

普利一切諸含識

결권수지

結勸受持

약인어차보현원에 독송수지급연설하면

若人於此普賢願 讀誦受持及演說

과보유불능증지라
果報唯佛能證知

결정획승보리도하리
決定獲勝菩提道

약인송차보현원의
若人誦此普賢願

아설소분지선근컨댄
我說少分之善根

일념일체실개원하야
一念一切悉皆圓

성취중생청정원이라
成就衆生淸淨願

아차보현수승행의
我此普賢殊勝行

무변승복개회향하노니
無邊勝福皆廻向

보원침익제중생이
普願沈溺諸衆生

속왕무량광불찰이여이다
速往無量光佛刹

4. 여래찬탄

如來讚歎

이시에 **보현보살마하살**이 **어여래전**에 **설차**

爾時 普賢菩薩摩訶薩 於如來前 說此

보현광대원왕청정게이하시니 **선재동자**는 **용약**

普賢廣大願王淸淨偈已　　　　善財童子　踊躍

무량하고 **일체보살**은 **개대환희**하며 **여래찬언**하시

無量　　一切菩薩　皆大歡喜　　如來讚言

되 **선재선재**라

善哉善哉

제삼장 유통분

第三章 流通分

1. 시회대중 신수봉행

時會大衆 信受奉行

이시에 세존과 여제성자보살마하살이 연설

爾時 世尊 與諸聖者菩薩摩訶薩 演說

여시불가사의해탈경계승법문시에 문수사리

如是不可思議解脫境界勝法門時 文殊師利

보살로 이위상수하는 제대보살과 급소성숙인

菩薩 而爲上首 諸大菩薩 及所成熟

육천비구와 미륵보살로 이위상수하는 현겁일

六千比丘 彌勒菩薩 而爲上首 賢劫一

체제대보살과 무구보현보살로 이위상수하는
一切諸大菩薩 無垢普賢菩薩 而爲上首

일생보처며 주관정위인 제대보살과 급여시방
一生補處 住灌頂位 諸大菩薩 及餘十方

종종세계에서 보래집회인 일체찰해극미진수
種種世界 普來集會 一切刹海極微盡數

제보살마하살중과 대지사리불과 마하목건련
諸菩薩摩訶薩衆 大智舍利弗 摩訶目犍連

등으로 이위상수하는 제대성문과 병제인천일체
等 而爲上首 諸大聲聞 幷諸人天一切

세주와 천룡 야차와 건달바 아수라 가루라
世主 天龍 夜叉 乾闥婆 阿修羅 迦樓羅

81

긴나라 마후라가 緊那羅 摩睺羅伽 인비인등 人非人等 일체대중이 一切大衆 문 聞 불소설하고 佛所說 개대환희하야 皆大歡喜 신수봉행하니라 信受奉行

한글 보현행원품(普賢行願品)

무비 스님

제1장 서분(序分)

1. 부처님의 수승한 공덕은 한량없다

그 때에 보현보살마하살은 부처님의 거룩한 공덕을 찬탄하고 나서 여러 보살과 선재동자에게 말하였습니다.

"선남자여, 부처님의 공덕은 비록 시방세계 모든 부처님들이 이루 다 말할 수 없이 많은 부처님 세계의 아주 작은 티끌만치 많은 수의 겁을 계속하여 말할지라도 끝까지 다하지는 못할 것이다.

제2장 정종분(定宗分)

1. 열 가지 서원(誓願)의 이름을 열거하다

만일 그와 같은 공덕을 이룩하려면 마땅히 열 가지 크나큰 행원을 닦아야 하느니라.

그 열 가지 원이란, 모든 부처님께 예배하고 공경함이 그 하나요, 부처님을 우러러 찬탄함이 그 둘이며, 널리 공양함이 그 셋이요, 스스로의 업장을 참회함이 그 넷이며, 남의 공덕을 따라 기뻐함이 그 다섯이요, 설법하여 주기를 청함이 그 여섯이며, 부처님이 세상에 오래 머무르시기를 청함이 그 일곱이며, 항상 부처님을 따라 배움이 그 여덟이며, 항상 중생을 따름이 그 아홉이요, 모두다 회향함이 그 열이니라."

(1) 모든 부처님께 예경(禮敬)하다

선재 동자가 아뢰었습니다.

"거룩하신 이여, 어떻게 예배하고 공경하오며, 내지 어떻게 회향하오리까?"

보현 보살은 선재 동자에게 말하였습니다.

"선남자여, 부처님께 예배하고 공경한다는 것은 온 법계·허공계·시방 삼세 모든 부처님 세계의 아주 작은 티끌만치 많은 수의 모든 부처님들께 보현의 수행과 서원의 힘으로 깊은 믿음을 일으켜 눈 앞에 뵈온 듯이 받들고 청정한 몸과 말과 뜻으로 항상 예배하고 공경하는 것이니라. 낱낱이 부처님께 이루 다 말할 수 없는 아주 작은 티끌 만치 많은 수의 몸을 나타내어 그 한몸 한몸이 이루 다 말할 수 없는 아주 작은 티끌만치 많은 부처님께 두루 절하는 것이니, 허공계가 다하여야 나의 이 예배하고 공경함도 다하려니와, 허공계가 다할 수 없으므로 나의 이 예배하고 공경함도 다함이 없느니라. 이와 같이 중생의 세계가 다하고, 중생의 업이 다하고, 중생의 번뇌가 다하여야 나의 예배함도 다하려니와, 중생계와, 내지 중생의 번뇌가 다함이 없으므로 나의 이 예배하고 공경함도 다함이 없느니라. 염념히 계속하여 쉬지 않건만 몸과 말과 뜻으로 하는 일은 지치거나 싫어함이 없느니라.

⑵ 모든 여래(如來)를 칭찬하다

선남자여, 부처님을 찬탄한다는 것은 온 법계·허공계·시방 삼세 모든 부처님 세계의 아주 작은 낱낱 티끌 가운데 모든 세계의 아주 작은 티끌 수의 부처님이 계시고, 부처님 계신 데마다 보살 대중이 모여와 둘러싸 모시는 것이니 내가 마땅히 깊고 훌륭한 알음알이로 앞에 나타나듯 알아보며, 변재천녀의 미묘한 혀보다 더 훌륭한 혀를 내어 그 낱낱 혀로 그지 없는 소리를 내고 낱낱 소리로 온갖 말을 내어, 부처님들의 모든 공덕을 찬탄하며, 오는 세월이 다 하도록 계속하여 그치지 않아 법계가 끝난 데까지 두루하는 것이니라. 이와 같이 하여 허공계가 끝나고, 중생계가 끝나고, 중생의 업이 끝나고, 중생의 번뇌가 끝나야 나의 찬탄이 끝나려니와 허공계와 내지 중생의 번뇌가 끝날 수 없으므로 나의 찬탄도 끝남이 없나니, 염념히 계속하여 잠깐도 쉬지 않건만 몸과 말과 뜻으로 하는 일은 지치거나 싫어함이 없느니라.

⑶ 널리 공양(供養)을 수행하다

선남자여, 널리 공양한다는 것은 온 법계·허공계·시방삼세 모든 부처님 세계의 아주 작은 티끌의 그 하나하나마다 일체 세계의 아주 작은 티끌만치 많은 수의 부처님이 계시고, 부처님 계신 데마다 가지가지 보살 대중이 모여서 둘러싸 모시는 것이니, 내 보현의 수행과 서원의 힘으로 깊은 믿음과 알음알이를 일으켜 눈앞에 나타나듯 알아보며 훌륭한 여러 가지 공양거리로 공양하나니, 이른바 꽃과 꽃타래와 하늘 음악과 하늘 일산과 하늘 옷과 여러 가지 하늘 향과 바르는 향, 사르는 향, 가루향과 이와 같은 것들의 낱낱 무더기가 수미산 같으며,

우유등·기름등·향유등 같은 여러 가지로 켜는 등불의 심지는 각각 수미산 같고 기름은 바닷물 같아서 이와 같은 여러 가지 공양거리로 항상 공양하느니라.

 선남자여, 모든 공양 가운데는 법공양이 으뜸이니라. 부처님 말씀대로 수행하는 공양과 중생들을 이롭게 하는 공양과 중생들을 거두어주는 공양과 중생들의 고통을 대신하는 공양과 착한 바탕 닦는 공양과 보살의 할 일을 버리지 않는 공양과 보리심을 여의지 않는 공양들이 그것이니라.

 선남자여, 먼저 말한 여러 가지로 공양한 한량없는 공덕을 한 생각 잠깐 동안 법으로 공양한 공덕에 비하면, 그 백분의 일이 못 되고, 천분의 일도 못 되며, 백천 구지 나유타분의 일, 가라분의 일, 산분·수분의 일, 유분의 일, 우바니사타분의 일도 못 되느니라. 왜냐하면, 모든 부처님들은 법을 존중하기 때문이며, 부처님 말씀대로 수행함이 부처님을 내기 때문이며 만일

보살들이 법공양을 행하면 이것이 곧 부처님께 공양함을 성취하는 것이며, 이와 같이 수행함이 진실한 공양이기 때문이니라. 이는 넓고 크고 가장 훌륭한 공양이니 허공계가 끝나고, 중생계가 끝나고, 중생의 업이 끝나고, 중생의 번뇌가 끝나야 나의 공양이 끝나려니와, 허공계와 내지 중생의 번뇌가 끝날 수 없으므로 나의 이 공양도 끝나지 않느니라. 이와 같이 염념히 계속하여 잠깐도 쉬지 않건만 몸과 말과 뜻으로 하는 일은 지치거나 싫어함이 없느니라.

⑷ 모든 업장(業障)을 참회하다

선남자여, 업장을 참회한다는 것은 보살이 스스로 생각하기를 '내가 지나간 세상에 비롯 없는 겁 동안에 탐내고 성내고 어리석은 탓으로 몸과 말과 뜻을 놀리어 악한 업을 지음이 한량없고 가이없으니, 만일 그 악한 업이 형태가 있다면 끝없는 허공으로도 그것을 다 용납할 수가 없을 것이다. 내가 이제 청정한 세 가지 업으로 법계에 두루 찬 아주 작은 티끌 세계의 모든 부처님과 보살 대중 앞에 지성으로 참회하고 다시는 악한 업을 짓지 않으며, 깨끗한 계율의 모든 공덕에 항상 머물겠나이다.' 하는 그 마음이니라. 이와 같이 하여 허공계가 끝나고, 중생계가 끝나고, 중생의 업이 끝나고, 중생의 번뇌가 끝나야 나의 참회도 끝나려니와, 허공계와 내지 중생의 번뇌가 끝날 수 없으므로 나의 이 참회도 끝나지 않느니라. 염념히 계속하여 잠깐도 쉬지 않건만 몸과 말과 뜻으로 하는 일은 지치거나 싫어함이 없느니라.

⑸ 남의 공덕을 따라 기뻐하다

선남자여, 남의 공덕을 따라 기뻐한다는 것은 온 법계·허공계·시방 삼세 모든 부처님 세계의 아주 작은 티끌만치 많은 수의 여러 부처님들이 첫 발심한 때로부터 모든 지혜를 위하여 복덕을 부지런히 닦을 적에 몸과 목숨을 아끼지 않고 이루 다 말할 수 없이 많은 부처님 세계의 아주 작은 티끌만치 많은 수의 겁을 지나는 동안 이루 다 말할 수 없이 많은 부처님 세계의 아주 작은 티끌 만치 많은 수의 머리와 눈과 손과 발을 버렸으며, 이와 같이 행하기 어려운 고행을 하면서 가지가지 바라밀다문을 원만히 갖추었고 가지가지 보살의 지혜에 들어가 모든 부처님의 가장 훌륭한 보리를 성취하였으며, 열반에 든 뒤에는 그 사리를 나누어 공양하였나니, 그 모든 착한 바탕을 나도 따라 기뻐하며, 또 시방 모든 세계의 여섯 갈래 길에서 네 가지로 생겨나는 모든 종류들이 지은 바 공덕과, 내지 한 티끌만한 것이라도 내가 모두 따라서 기뻐하며, 시방 삼세 모든 성문과 벽지불의 배우는 이와 배울 것 없는 이의 온갖 공덕을 내가 모두 따라서 기뻐하며, 모든 보살들이 한량없이 행하기 어려운 고행을 닦으면서 가장 높은 보리를 구하던 그 넓고 큰 공덕을 내가 모두 따라서 기뻐하나니, 이와 같이 하여 허공계가 다하고, 중생계가 다하고, 중생의 업이 다하고, 중생의 번뇌가 다하여도 나의 이 함께 기뻐함은 끝나지 않으리라. 염념히 계속하여 쉬지 않건만 몸과 말과 뜻으로 하는 좋은 일은 지치거나 싫어함이 없느니라.

⑹ 법륜(法輪) 굴리기를 청하다

선남자여, 설법하여 주기를 청한다는 것은 온 법계·허공계·시방·삼세 모든 부처님 세계의 아주 작은 티끌 하나하나마다 이루 다 말할 수 없이 많은 부처님 세계의 아주 작은 티끌같이 많은 수의 넓고 큰 부처님 세계가 있고 그 낱낱의 세계 안에서 잠깐 동안에 이루 다 말할 수 없이 많은 부처님 세계의 아주 작은 티끌만치 많은 수의 부처님들이 바른 깨달음을 이루는지라, 모든 보살대중이 둘러 앉아 있나니 내가 몸과 말과 뜻으로 하는 가지가지 방편으로써 법문 설하여 주기를 은근히 청하는 것이니라. 이와 같이 하여 허공계가 끝나고, 중생계가 끝나고, 중생의 업이 끝나고, 중생의 번뇌가 끝나더라도 내가 모든 부처님께 항상 바른 법 설하여 주기를 청함은 끝남이 없을 것이니. 염념히 계속하여, 잠깐도 쉬지 않건만 몸과 말과 뜻으로 하는 일은 지치거나 싫어함이 없느니라

(7) 부처님이 세상에 오래 머무시기를 청하다

 선남자여, 부처님이 세상에 오래 계시기를 청한다는 것은 온 법계·허공계·시방 삼세 모든 부처님 세계의 아주 작은 티끌만치 많은 수의 부처님이 열반에 드시려 하거나 모든 보살·성문·연각의 배우는 이와 배울 것 없는 이와, 내지 선지식들에게 내가 모두 권하여 열반에 들지 말고 모든 부처님 세계의 아주 작은 티끌만치 많은 수의 겁을 지나도록 일체 중생을 이롭게 하여 달라고 청하는 것이니라. 이와 같이 하여 허공계가 끝나고, 중생계가 끝나고, 중생의 업이 끝나고, 중생의 번뇌가 끝나더라도 나의 권청하는 일은 끝나지 않느니라. 염념히 계속하여 잠깐도 끊어짐이 없건만 몸과 말과 뜻으로 하

는 일은 지치거나 싫어함이 없느니라

(8) 항상 부처님을 따라 배우다

선남자여, 부처님을 따라서 배운다는 것은 이 사바세계의 비로자나 부처님께서 처음 발심한 때로부터 정진하여 물러나지 않으시고 이루 다 말할 수 없는 몸과 목숨으로 보시하며, 가죽을 벗겨 종이를 삼고 뼈를 쪼개어 붓을 삼고, 피를 뽑아 먹물을 삼아서 경전 쓰기를 수미산 높이같이 하면서 법을 소중히 여기므로 목숨도 아끼지 않거늘, 하물며 임금의 자리나 도시나 시골이나 궁전이나 동산 따위의 갖가지 물건과 하기 어려운 가지가지 고행이랴. 보리수 아래서 정각을 이루던 일이며, 여러 가지 신통을 보이고 가지가지 변화를 일으키며, 갖가지 부처 몸을 나타내어 온갖 대중이 모인 곳에 계실 적에 혹은 모든 보살 대중이 모인 도량이나 성문과 벽지불 대중이 모인 도량이나 전륜성왕과 작은 왕이나 그 권속들이 모인 도량이나 찰제리·바라문·장자·거사들이 모인 도량이나, 내지 하늘과 용, 팔부신중과 사람인 듯 아닌 듯 한 것들이 모인 도량에 있어, 이와 같은 여러 가지 큰 모임에서 원만한 음성을 천둥 소리같이 하여 그들의 욕망에 따라 중생의 기틀을 무르익히던 일과 마침내 열반에 들어 보이시던, 이와 같은 온갖 일을 내가 모두 따라 배우며, 지금의 비로자나 부처님께와 같이 온 법계·허공계·시방·삼세 모든 부처님 세계의 티끌 속에 계시는 모든 부처님들께도 이와 같이 하여 염념히 내가 따라 배우는 것이니라. 이와 같이 하여 허공계가 끝나고, 중생계가 끝나고, 중생의 업이 끝나고, 중생의 번뇌가 끝나더라도 나의 이 따라서 배우는 일은 끝나지 않고 염념히 계속하여 잠깐도 쉬지 않건만 몸과 말과 뜻으로 하는 일은 지치거나 싫어함이 없느니라.

(9) 항상 중생들을 수순하다

선남자여, 중생의 뜻에 항상 따른다는 것은

온 법계·허공계·시방세계의 중생들이 여러 가지 차별이 있어 알에서 나고, 태에서 나고, 습기로 나고 화하여 나기도 하나니 땅과 물과 불과 바람을 의지하여 살기도 하고, 허공을 의지하여 살기도 하며, 풀과 나무를 의지하여 살기도 하는 바, 여러 가지 생류와 여러 가지 몸과 여러 가지 형상과 여러 가지 모양과 여러 가지 수명과 여러 가지 종족과 여러 가지 이름과 여러 가지 성질과 여러 가지 소견과 여러 가지 욕망과 여러 가지 뜻과 여러 가지 위의와 여러 가지 의복과 여러 가지 음식으로 여러 시골의 마을과 도시의 큰집에 사는 이들이며, 내지 하늘과 용 팔부 신중과 사람인 듯 아닌 듯한 것들이며, 발 없는 것, 두발 가진 것, 네발 가진 것과 여러 발 가진 것이며, 빛깔 있는 것, 빛깔 없는 것, 생각 있는 것, 생각 없는 것, 생각 있는 것도 아니고 생각 없는 것도 아닌 것 따위를 내가 모두 그들에게 수순하여 가지가지로 섬기고 가지가지로 공양하기를 부모같이 공경하고, 스승과 아라한과, 내지 부처님이나 다름이 없이 받들며, 병든 이에게는 의원이 되고, 길 잃은 이에게는 바른 길을 보여주고, 캄캄한 밤에는 빛이 되며, 가난한 이에게는 묻혀 있는 보배를 얻게 하면서 이렇게 보살이 일체 중생을 평등하게 이롭게 함을 말하는 것이니라. 왜냐하면 보살이 중생을 수순하는 것은 곧 부처님께 순종하여 공양하는 것이 되고, 중생들을 존중하여 섬기는 것은 곧 부처님을 존중하여 받드는 것이 되며, 중생들을 기쁘게 하는 것은 곧 부처님을 기쁘게 함이 되기 때문이니라. 그 까닭은 부처님은 자비하신 마음으로 바탕을 삼으시기 때문이니라. 중생으로 인하여 큰 자비심을 일으키고, 자비로 인하여 보리심을 내고, 보리심으로 인하여 정각을 이루심이, 마치 넓은 벌판 모래사장에 서 있는 큰 나무의 뿌리가 물을 만나면 가지와 잎과 꽃과 열매가 모두 무성함과 같으니, 나고 죽는 광야의 보리수 나무도 또한 이와 같으니라. 일체 중생은 뿌리가 되고 부처님과 보살들은 꽃과 열매가 되어, 자비의 물로 중생들을 이롭게 하면 모든 부처님과 보살들의 지혜의 꽃과 열매를 이루느니라. 왜냐하면 보살들이 자비의 물로 중생들을 이롭게 하면 아뇩다라삼먁삼보리를 성취하기 때문이니라. 그러므로 보리는 중생에게 달렸으니 중생이 없으면 모든 보살이 마침내 가장 훌륭한 정각을 이루지 못하느니라.

선남자여, 그대는 이 이치를 이렇게 알아라. '중생에게 마음을 평등히 함으로써 원만한 자비를 성취하고, 자비심으로 중생들을 수순함으로써 부처님께 공양함을 성취하는 것이라.'고.

보살은 이와 같이 중생을 수순 하나니 허공계가 다하고, 중생계가 다하고, 중생의 업이 다하고, 중생의 번뇌가 다하여도 나의 수순함은 다함이 없느니라. 염념히 계속하여, 잠깐도 쉬지 않건만 몸과 말과 뜻으로 하는 일은 지치거나 싫어함이 없느니라.

⑽ 널리 다 회향(回向)하다

 선남자여, 모두 다 회향한다는 것은 처음 예배하고 공경함으로부터 중생의 뜻에 수순 함에 이르기까지, 그 모든 공덕을 온 법계·허공계 일체 중생에게 회향하여 중생들로 하여금 항상 편안하고 즐거움을 얻게 하고 병고가 없게 하기를 원하며, 하고자 하는 나쁜 짓은 모두 이룩되지 않고 착한 일은 빨리 이루어지며, 온갖 나쁜 갈래의 문은 닫아버리고 인간이나 천상이나 열반에 이르는 바른 길은 열어 보이며, 중생들이 쌓아 온 나쁜 업으로 말미암아 받게 되는 모든 무거운 고통의 과보를 내가 대신하여 받으며, 그 중생들이 모두 다 해탈을 얻고 마침내는 더 없이 훌륭한 보리를 성취하기를 원하는 것이니라. 보살은 이와 같이 회향하나니 허공계가 끝나고, 중생계가 끝나고, 중생의 업이 끝나고, 중생의 번뇌가 끝나더라도 나의 이 회향은 끝나지 않고, 염념히 계속하여 쉬지 않건만 몸과 말과 뜻으로 하는 일은 지치거나 싫어함이 없느니라.

2. 보현십대행원의 공덕을 나타내다

선남자여, 이것이 보살마하살의 열 가지 큰 서원이 구족하게 원만한 것이니라. 만일 모든 보살들이 이 큰 서원을 따라 나아가면 능히 모든 중생의 기틀을 성숙시키고 아뇩다라삼먁삼보리를 수순케 하며, 보현보살의 수행과 원력을 채우게 될 것이니라. 그러므로 선남자여, 그대는 이 이치를 이렇게 알아야 하느니라.

"만일 선남자나 선여인이 시방에 가득한 한량없고 끝 없어 이루 다 말할 수 없는 부처님 세계의 아주 작은 티끌 수로 많은 모든 세계의 가장 좋은 칠보와 또 천상·인간의 가장 훌륭한 안락으로써 그러한 모든 세계의 중생들에게 보시하고, 그러한 모든 세계의 부처님과 보살들께 공양하기를 저러한 부처님 세계의 아주 작은 티끌 수 겁을 지나도록 계속하여 그치지 않는 그 공덕과, 또 어떤 사람이 이 열 가지 행원을 한번 들은 공덕과 서로 비교하면, 앞의 공덕은 뒤의 것의 백분의 일도 미치지 못하고, 천분의 일도 미치지 못하고, 내지 우바니사타분의 일에도 미치지 못하느니라."

또 어떤 사람이 깊은 믿음으로 이 열 가지 원을 받아 지니거나 읽고 외우거나 한 게송만이라도 쓴다면, 다섯 가지 무간지옥에 떨어질 업이라도 이내 소멸되고, 이 세간에서 받은 몸과 마음의 병이나 가지가지 괴로움, 내지 부처님 세계의 아주 작은 티끌 수의 모든 악업이 다 소멸될 것이며, 온갖 마군이나, 야차나, 나찰이나, 구반다나, 비사자나, 부단나 따위로서 피를 마시고 살을 먹는 몹쓸 귀신들이 모두 멀리 떠나거나, 혹은 좋은 마음을 내어 가까이 있어 수호할 것이니라.

그러므로 이 원을 외우는 사람은 어떠한 세간에 다니더라도 궁중의 달이 구름을 벗어나듯이 거리낌이 없을 것이며, 부처님과 보살들이 칭찬하고 일체 천상 사람과 세상 사람들이 다

예경하고 일체 중생이 다 공양하느니라. 이 선남자는 사람의 몸을 잘 얻어 보현보살의 공덕을 원만히 갖추고 오래지 않아 보현보살같이 미묘한 몸을 곧 성취하여 서른 두 가지 대장부다운 상을 갖출 것이며, 천상에나 인간에 나면 가는 곳마다 항상 으뜸되는 가문에 태어날 것이요, 모든 악한 갈래를 깨뜨리고 나쁜 친구를 멀리 여의며, 모든 외도를 항복 받고 온갖 번뇌를 모두 해탈하여 마치 큰 사자가 뭇 짐승들을 습복시키듯 할 것이며 모든 중생의 공양을 받을 것이니라.

또 이 사람이 목숨을 마치는 마지막 찰나에는 육신은 모두 다 무너져 흩어지고 모든 친척·권속은 다 버리고 떠나게 되고 일체의 권세도 잃어져 고관·대작과 궁성 안팎과 코끼리·말·수레와 보배·비밀 창고들이 하나도 다시 따라오지 않지만 이 열 가지 서원은 서로 떠나지 않고 어느 때에나 앞길을 인도하여 한 찰나 동안에 극락세계에 왕생함을 얻으리라. 가서는 곧 아미타불과 문수보살·보현보살·관자재보살과 미륵보살 등을 뵈올 것이며, 이 보살들은 모습이 단정하고 공덕이 구족하여, 함께 아미타불을 둘러 앉아 있을 것이니, 그 사람은 제몸이 절로 연꽃 위에 나서 부처님의 수기 받음을 스스로 볼 것이며, 수기를 받고는 무수한 백천만억 나유타 겁을 지나면서, 널리 시방의 이루 다 말할 수 없는 세계에 지혜의 힘으로 중생들의 마음을 좇아 이롭게 할 것이며, 오래지 않아서 보리도량에 앉아 마군을 항복 받고 정각을 이루며, 법문을 베풀어 능히 부처님 세계의 아주 작은 티끌 수 세계의 중생들로 하여금 보리심을 내게 하고, 그 근기에 따라 교화하여 성취시키며, 오는 세월이 다하도록 모든 중생을 널리 이롭게 할 것이니라.

선남자여, 저 중생들이 이 열 가지 원을 듣고, 믿고, 받아 지니고, 읽고, 외우며, 남을 위하여 연설하면 그 공덕은 부처님을 제하고는 알 사람이 없느니라. 그러므로 그대들은 이 원을 듣거든 의심을 내지 말고 자세히 받으며, 받아서는 읽고, 읽고는 외우고, 외우고는 항상 지니며, 내지 베껴 쓰고, 남에게 말하여 베풀어라, 이런 사람들은 한 생각 동안에 온 행원을 다 성취할 것이니, 얻는 복덕은 한량없고 가이없으며 번뇌의 고해에서 중생들을 건져 내어 생사를 멀리 여의고 모두 다 아미타불의 극락세계에 가서 나게 되리라.

3. 보현보살십대 게송으로 거듭 밝히다

이 때에 보현보살 마하살은 이 뜻을 다시 펴려고 하여 시방을 두루 살피면서 게송으로 말하였습니다.

(1)예경제불 노래

온 법계 허공계의 시방세계 가운데

삼세의 한량없는 부처님들께

이내의 깨끗한 몸과 말과 뜻으로

한 분도 빼지 않고 두루 예배하오며

보현보살 행과 원의 크신 힘으로
한량 없는 부처님들 앞에 나아가
한 몸으로 티끌 수의 몸을 나타내
티끌 수의 부처님께 예배합니다.

(2)칭찬여래 노래
한 티끌 속 티끌 수의 부처님들이
보살 대중 모인 속에 각각 계시고
온 법계의 티끌 속도 그와 같아서
부처님이 가득하옴 깊이 믿으며

제각기 가지각색 음성바다로
그지 없는 묘한 말씀 널리 펴내어서
오는 세상 모든 겁이 다할 때까지
부처님의 깊은 공덕 찬탄합니다.

(3)광수공양 노래
가장 좋고 아름다운 모든 꽃타래
좋은 음악 바르는 향 보배 일산과

이와 같이 훌륭하온 꾸미개로써
한량 없는 부처님께 공양하오며
가장 좋은 의복들과 가장 좋은 향
가루향과 사르는 향 등과 촛불을
하나하나 수미산과 같은 것으로
한량없는 부처님께 공양하오며

넓고 크고 잘 깨닫는 이내 마음으로
삼세의 모든 여래 깊이 믿삽고
보현보살 행과 원의 크신 힘으로
두루두루 부처님께 공양합니다.

(4)참제업장 노래
지난 세상 내가 지은 모든 악업은
성 잘 내고 욕심 많고 어리석은 탓
몸과 말과 뜻으로 지었사오매
내가 이제 속속들이 참회합니다.

(5)수희공덕 노래

시방세계 여러 종류 모든 중생과
성문·연각·배우는 이·다 배운 이와
모든 부처·보살들의 온갖 공덕을
지성으로 받들어서 기뻐합니다.

(6)청전법륜 노래
시방의 모든 세간 비추시는 등불로
큰 보리 맨 처음 이루신 이께
더 없이 묘한 법을 설하시라고
내가 지금 지성으로 권청하오며

(7)청불주세 노래
모든 부처 열반에 드시려 할 때
이 세상에 오래오래 머무르시와
모든 중생 건지셔서 즐겁게 하길
내가 모두 지성으로 권청합니다.

(8)보개회향 노래
예경하고 공양하고 찬탄한 복과

오래 계셔 법문하심 권하온 복과
따라서 기뻐하고 참회한 선근
중생들과 보리도에 회향합니다.

(9)상수불학 노래
내가 여러 부처님을 따라 배우고
보현보살 원만한 행 닦아 익혀서
지난 세상 시방세계 부처님들과
지금 계신 부처님께 공양하오며

오는 세상 천상·인간 대도사들께
여러 가지 즐거움이 원만하도록
삼세의 부처님을 따라 배워서
보리도를 성취하기 원하옵니다.

(10)항순중생 노래
끝 없는 시방 법계 모든 세계를
웅장하고 청정하게 장엄하옵고
부처님을 대중들이 둘러 모시어

보리수 나무 아래 앉아 계시니

시방세계 살고 있는 모든 중생들
근심 걱정 여의어서 항상 즐겁고
깊고 깊은 바른 법의 이익을 얻어
온갖 번뇌 다 없기를 축원합니다.

수지원(받아지니기를 원하다)
내가 보리 얻으려고 수행할 때에
모든 갈래 간 데마다 숙명통 얻고
출가하여 모든 계행 깨끗이 닦아
때 안 묻고 범하잖고 새지 않으며

하늘들과 용왕들과 구반다들과
야차들과 사람인 듯 아닌 듯한 것
그 모든 중생들이 쓰고 있는 말
가지각색 음성으로 설법하였네.

수행이리원(수행을 원하다)
청정한 바라밀다 꾸준히 닦아
어느 때나 보리심을 잊지 않았고
번뇌 업장 남김 없이 소멸하고서
여러 가지 묘한 행을 모두 이루며

모든 번뇌 모든 업과 마군의 경계
이 세간 온갖 일에 해탈 얻으니
연꽃 잎에 물방울이 묻지 않듯이
해와 달이 허공중에 머물잖듯이

성숙중생행원(중생들을 성숙시키다)
모든 악도 온갖 고통 모두 없애고
중생들에 평등하게 쾌락을 주어
이와 같이 티끌 수의 겁을 지나며
시방을 이익하게 함 한량없었네.

내 항상 중생들을 수순하리니
오는 세상 모든 겁이 끝날 때까지

보현보살 넓고 큰 행을 닦아서
가장 높은 보리도를 원만하리라.

불리원(함께 떠나지 않기를 원하다)
나와 함께 보현행을 닦는 동무들
날 적마다 여러 곳에 함께 모이어
몸과 말과 뜻으로 하는 일 같고
모든 수행 모든 서원같이 닦으며

나의 일을 도와주는 선지식들도
보현보살 좋은 행을 가르쳐주고
항상 나와 함께 모여 우리들에게
즐거운 맘 내시기를 원하옵니다.

공양원(공양을 원하다)
바라건대 부처님을 만나뵈올 제
보살 대중 모여 앉아 뫼시었거던
푸지고 좋은 공양 차려 올리며
오는 세상 끝나도록 지칠 줄 몰라

부처님의 묘한 법을 받아 지니고
가지가지 보리행을 빛나게 하며
깨끗하온 보현의 도 항상 닦아서
오는 세상 끝나도록 익혀지이다.

이익원(이익을 원하다)
시방세계 모든 곳에 두루 다니며
닦아 얻은 복과 지혜 다함이 없고
선정 지혜 모든 방편 해탈법으로
그지 없는 공덕장을 얻었사오며

한 티끌에 티끌 수의 세계가 있고
세계마다 한량 없는 부처님들이
간 곳마다 여러 대중 모인 속에서
보리행을 연설하심 내 항상 뵙네.

전**법륜원**(법륜굴리기를 원하다)
끝 없는 시방세계 법계 바다에
털끝만한 곳곳마다 삼세의 바다

한량 없는 부처님과 많은 국토에
내가 두루 수행하기 여러 겁일세.

부처님들 말씀은 청정하셔라
한 말씀에 여러 가지 음성 갖추고
중생들이 좋아하는 음성을 따라
음성마다 부처님의 변재를 펴네.

삼세의 한량 없는 부처님께서
저 같은 그지 없는 말씀 바다로
깊은 이치 묘한 법문 연설하심을
내 지혜로 깊이 깊이 들어가리라.

정토원(정토에 들기를 원하다)
오는 세상 모든 겁을 한데 뭉치어
한 생각을 만드는 데 들어가겠고
삼세의 모든 것을 통틀어 내어
한 생각을 만든 데도 들어 가리라.

삼세의 한량 없는 부처님들을
한 생각 속에서도 모두 뵈오며
부처님의 경계 속에 늘 들어감은
요술 같은 해탈하온 위력입니다.

승사원(부처님 섬기기를 원하다)
한 터럭 끝 아주 작은 티끌 속에서
삼세의 장엄한 세계 나타나오며
시방의 티끌세계 터럭 끝마다
내 모두 깊이 들어가 장엄하오리.

오는 세상 세간 비칠 밝은 등불들
부처되어 설법하여 중생 건지고
부처님 일 다 마치고 열반에 드심
내가 두루 나아가서 친히 모시리.

성정각원(바른 깨달음을 원하다)
재빠르게 두루 도는 신통의 힘과
넓은 문에 두루 드는 대승의 힘과

지혜와 행 널리 닦은 공덕의 힘과
위신으로 덮어주는 자비의 큰 힘.

깨끗하게 장엄하온 복덕의 힘과
집착 없고 의지 없는 지혜의 힘과
선정·지혜 좋은 방편 위신의 힘과
원만하게 쌓아 모은 보리의 힘들.

모든 것을 깨끗이 한, 선업의 힘과
온갖 번뇌 부수는 꿋꿋한 힘과
마군들을 항복 받은 거룩한 힘과
보현행을 원만하게 닦은 힘으로.

총결대원(열 가지 원을 맺다)
모든 세계 간곳마다 청정 장엄해
한량없는 중생들을 해탈케 하며
그지 없는 법문을 분별 잘 하여
지혜 바다 깊이깊이 들어가오리.

어디서나 모든 행을 깨끗이 닦고
가지가지 서원을 원만히 하며
부처님들 친히 뵈서 공양하옵고
오랜 겁을 싫증 없이 수행하오며

삼세의 한량없는 모든 부처님
가장 좋은 보리 위한 모든 행과 원
내가 모두 공양하고 원만히 닦아
보현보살 큰 행으로 도를 이루리.

결귀보현(보현보살과 같기를 원하다)
온 세계의 부처님들 맏아드님은
그 이름 누구신가 보현 보살님
내가 이제 모든 선근 회향하옵고
비옵니다 행과 지혜 그와 같고자

몸과 말과 마음까지 늘 깨끗하고
모든 행과 세계들도 그러하기를
이런 지혜 이름하여 보현이시니

저 보살과 같아지기 소원합니다.

결귀문수(문수보살과 같기를 원하다)
나는 이제 보현보살 거룩한 행과
문수보살 크신 서원 깨끗이 하여
저 사업을 남김 없이 원만하리니
오는 세상 끝나도록 싫증 안 내리.

내가 닦는 행에는 한량없으니
그지 없는 모든 공덕 이루어가고
끝이 없는 온갖 행에 머물러 있어
가지가지 신통력을 깨달으리라.

문수보살 용맹하고 크신 지혜와
보현보살 지혜의 행 사모치고저
내가 이제 모든 선근 회향하여서
그 임들을 항상 따라 배우오리다.

결귀회향(회향에 돌아가다)
삼세의 부처님들 칭찬하오신
이와 같이 훌륭하고 크신 서원들
내가 이제 그 선근을 회향하여서
보현 보살 거룩한 행 얻고자 합니다.

원생정토(정토에 태어나기를 원하다)
원컨대 나의 목숨 마치려 할 때
온갖 번뇌 모든 업장 없애고 나서
저 아미타 부처님을 만나 뵈옵고
지체 없이 극락왕생 하려 합니다.

내가 이미 저 세계에 가서 난 다음
눈 앞에서 이 큰 소원 모두 이루어
온갖 것을 남김없이 원만하여서
가이없는 중생들을 기쁘게 하리.

저 부처님께 모인 대중 깨끗할시고
나는 이때 연꽃 이에 태어나리니

아미타 부처님을 친히 뵈오면
그 자리에 보리 수기 내게 주시리.

부처님의 보리 수기 받잡고 나서
마음대로 백억 화신 나타내어서
크고 넓은 시방세계 두루 다니며
이 지혜로 모든 중생 제도하리.

총결십문무진(열 가지 문을 게송하다)
허공계와 중생계가 끝난다면은
이내 원도 그와 함께 끝나려니와
중생들의 업과 번뇌 끝없사오매
나의 원도 마침내 끝 없으리라.

경수승 공덕(수승한 공덕을 나타내다)
가이 없는 시방세계 가득히 쌓은
칠보로써 부처님께 공양한대도
가장 좋은 쾌락으로 천상 인간을
티끌 겁이 다하도록 보시한대도

어떤 이가 거룩하온 이 서원들을
한번 듣고 지성으로 믿음을 내어
좋은 보리 얻으려고 우러른다면
그 공덕이 저 복보다 훨씬 나으리.

나쁜 벗은 언제나 멀리 여의며
나쁜 갈래 영원토록 만나지 않아
아미타 부처님을 빨리 뵈옵고
보현보살 좋은 서원 갖추오리니

이 사람은 훌륭한 목숨을 얻고
이 사람은 날적마다 인간에 나서
이 사람은 오래잖아 보현보살의
저같이 크신 행원 성취하리라.

옛적에는 어리석고 지혜 힘 없어
다섯 가지 무간죄를 지었더라도
보현보살 이 서원을 읽고 외우면

한 생각에 저 죄업이 사라지려니

날 적마다 가문 좋고 신수 잘 나고
복과 지혜 모든 공덕 다 원만하여
마군이나 외도들이 어쩔 수 없어
삼계 중생 좋은 공양받게 되리라.

오래잖아 보리수 아래 앉아서
여러 가지 마군 들을 항복 받나니
정각을 성취하고 법을 설하여
가이 없는 중생들에 이익 주리라.

결권수지(수지하기를 원하다)
누구든지 보현보살 이 서원들을
읽고 외워 받아 지녀 연설한다면
부처님이 그 과보를 아시오리니
결정코 보리도를 얻게 되리라.

누구든지 이 서원을 읽고 외우라

그 선근의 한 부분을 내 말하리니
한 생각에 모든 공덕 다 원만하고
중생들의 청정한 원 성취하리라.

바라건대 보현보살 거룩한 행의
그지 없이 훌륭한 복 다 회향하여
삼계 고해 빠져 있는 모든 중생들
어서 가소 아미타불 극락세계로.

4. 여래가 찬탄하다

 이 때에 보현보살마하살이 부처님 앞에서 이러한 보현의 큰 서원과 청정한 게송을 읊자, 선재동자는 한량없이 기뻐 뛰놀고, 여러 보살들은 크게 즐거워했으며, 부처님께서는 "좋아, 좋아." 하시며 찬탄하셨습니다.

제3장 유통분(流通分)

1. 시회 대중들이 기뻐하다

그 때에 부처님이 거룩한 여러 보살마하살과 함께 이 헤아릴 수 없는 해탈 경계의 훌륭한 법문을 연설하실 때, 문수사리 보살을 우두머리로 한 여러 큰 보살들과 그들이 성숙시킨 육천 비구와, 미륵보살을 우두머리로 한 현겁의 모든 보살과 무구보현 보살을 우두머리로 한 일생보처로서 정수리에 물을 붓는 지위에 있는 모든 큰 보살과 시방의 여러 세계에서 모여 온 모든 세계의 아주 작은 티끌같이 많은 수의 모든 보살마하살들과 큰 지혜 있는 사리불·마하목건련들을 우두머리로 한 모든 큰 성문과 천상·인간의 모든 세간 주인들과 하늘·용왕·야차·건달바·아수라·가루라·긴나라·마후라가·사람인 듯 아닌 듯한 따위의 일체 대중들이 부처님의 말씀을 듣고 모두 크게 기뻐하여 믿어 받고 받들어 행하였습니다.

전경 轉經

◇ 정구업진언
淨口業眞言

수리 수리 마하수리 수수리 사바하 (세번)

◇ 오방내외안위제신진언
五方內外安慰諸神眞言

나무 사만다 못다남 옴 도로도로 지미 사바하 (세번)

◇ 개경게
開經偈

무상심심미묘법 백천만겁난조우
無上甚深微妙法 百千萬劫難遭遇

아금문견득수지 원해여래진실의
我今聞見得受持 願解如來眞實義

◇ 개법장진언
開法藏眞言

옴 아라남 아라다 (세번)

마하반야바라밀다심경
摩訶般若波羅蜜多心經

관자재보살 觀自在菩薩 **행심반야바라밀다시** 行深般若波羅蜜多時 **조견** 照見

오온개공 五蘊皆空 **도일체고액** 度一切苦厄 **사리자** 舍利子 **색불이**

공 **공불이색** **색즉시공** **공즉시색** 空空不異色 色卽是空 空卽是色 **수**

상행식 **역부여시** 想行識 亦復如是 **사리자** **시제법공상** 舍利子 是諸法空相

불생불멸 不生不滅 불구부정 不垢不淨 부증불감 시고 不增不減 是故

공중무색 空中無色 무수상행식 無受想行識 무안이비설신의 無眼耳鼻舌身意

무색성향 無色聲香 미촉법 味觸法 무안계 無眼界 내지무의식 乃至無意識

계 무무명 역무무명진 내지 무노사 역 界 無無明 亦無無明盡 乃至無老死 亦

무노사진 無老死盡 무고집멸도 無苦集滅道 무지역무득 이 無智亦無得 以

무소득고 無所得故 보리살타 菩提薩埵 의반야바라밀다고 依般若波羅蜜多故

심무가애 무가애고 무유공포 원리전
心無罣碍 無罣碍故 無有恐怖 遠離顚
도몽상 구경열반 삼세제불 의반야바
倒夢想 究竟涅槃 三世諸佛 依般若波
라밀다 고득아뇩다라삼먁삼보리 고지
羅蜜多 故得阿耨多羅三藐三菩提 故知
반야바라밀다 시대신주 시대명주 시
般若波羅蜜多 是大神呪 是大明呪 是
무상주 시무등등주 능제일체고 진실
無上呪 是無等等呪 能除一切苦 眞實
불허 고설 반야바라밀다주 즉설주왈
不虛 故說 般若波羅蜜多呪 卽說呪曰

揭 아	娑 사	揭 아	娑 사	揭 아	娑 사	揭 아
諦 제	婆 바	諦 제	婆 바	諦 제	婆 바	諦 제
揭 아	訶 하	揭 아	訶 하	揭 아	訶 하	
諦 제		諦 제		諦 제		

波 바	波 바	波 바
羅 라	羅 라	羅 라
揭 아	揭 아	揭 아
諦 제	諦 제	諦 제

波 바	波 바	波 바
羅 라	羅 라	羅 라
僧 승	僧 승	僧 승
揭 아	揭 아	揭 아
諦 제	諦 제	諦 제

菩 모	菩 모	菩 모
提 지	提 지	提 지

대보루각다라니
大寶樓閣陀羅尼

나맣 사르바 타타가타남 옴 비푸라가르

베 마니프라베 타타타 니다르사네 마니

마니 수프라베 비마레 사가라 감비레

훔훔 즈바라즈바라 분다비로키테 구햐디

스티타 가르베 스바하

무량수여래근본다라니
無量壽如來根本陀羅尼

나모라트라야야 나맣아랴 미타바야 타타가타야
아르하테 사막삼붇다야 타댜타 옴 아므르테
므르토 드바베 아므르타삼바베 아므르타가르베아
므르타신데 아므르타테제 아므르타비흐림테 아므
르타비흐림타가미네 아므르타가가나 키티카레 아므
르타둠누비스바레 사르바르타사다네 사르바카르
마크레 삭사얌카레 스바하

광명진언
光明眞言

옴 아모가 바이로차나 마하 무드라
마니 파드마 즈바라 프라바릍타야 훔

십악 오역의 중죄는 지은 사람이 두서너 번 듣기만 하여도 모든 죄업이 다 소멸하나니라. 십악 오역의 모든 죄를 많이 지어 그 죄가 온 세계에 가득 차서 죽어 지옥에 떨어졌더라도 깨끗한 모래에 이 진언을 백팔번 외워서 그 모래를 그 사람의 시체나 무덤 위에 흩어주면 모든 죄가 다 소멸되어 곧 극락세계에 가서 나니라.

보궐진언 補闕眞言

옴 호로호로 사야부케 스바하

보회향진언 普廻向眞言

옴 스마라 스마라 비마나 사라마하 차크라바 훔

원이차공덕 願以此功德 보급어일체 普及於一切

아등여중생 我等與衆生 개공성불도 皆共成佛道

◆무비(如天 無比)스님

- 전 조계종 교육원장
- 범어사에서 여환스님을 은사로 출가
- 해인사 강원 졸업
- 해인사, 통도사 등 여러 선원에서 10여년 동안 안거
- 통도사, 범어사 강주 역임
- 조계종 종립 은해사 승가대학원장 역임
- 탄허스님의 법맥을 이은 강백
- 화엄경 완역 등 많은 집필과 법회 활동

▶저서와 역서

『금강경 강의』, 『보현행원품 강의』, 『화엄경』, 『예불문과 반야심경』,
『반야심경 사경』 외 다수.

보현행원품

초판 6쇄 발행일 · 2021년 1월 20일
초판 6쇄 펴낸날 · 2021년 1월 25일
편　저 · 무비 스님
펴낸이 · 이규인
편　집 · 천종근
펴낸곳 · 도서출판 窓
등록번호 · 제15-454호
등록일자 · 2004년 3월 25일

주소 · 서울특별시 마포구 합정동 388-28번지 합정빌딩3층
전화 · 322-2686, 2687 / 팩시밀리 · 326-3218
e-mail · changbook1@hanmail.net
홈페이지 · (http://www.changbook.co.kr

ISBN 89-7453-126-7　03220
정가　5,000원

*파손된 책은 구입하신 서점이나 《도서출판 窓》에서 바꾸어 드립니다.
☞ 염화실(http://cafe.daum.net/yumhwasil)에서 무비스님의 강의를 들으실 수 있습니다.

도서출판 窓의 "무량공덕" 시리즈

제1권 **금강경**, 무비스님 편저
제2권 **천수·반야심경**, 무비스님 편저
제3권 **부모은중경**, 무비스님 편저
제4권 **목련경**, 무비스님 편저
제5권 **천수·금강경**, 무비스님 편저
제6권 **천수·관음경**, 무비스님 편저
제7권 **관세음보살보문품**, 무비스님 편저
제8권 **금강·아미타경**, 무비스님 편저
제9권 **불설아미타경**, 무비스님 편저
제10권 **예불문**, 무비스님 편저
제11권 **백팔대참회문**, 무비스님 편저
제12권 **약사여래본원경**, 무비스님 편저
제13권 **지장보살예찬문**, 무비스님 편저
제14권 **천지팔양신주경**, 무비스님 편저
제15권 **보현행원품**, 무비스님 편저
제16권 **지장보살본원경(상)**, 무비스님 편저
제17권 **지장보살본원경(하)**, 무비스님 편저
제18권 **무상법문집**, 무비스님 편저
제19권 **대불정능엄신주**, 무비스님 편저

¤ "무량공덕" 시리즈는 계속 간행됩니다.

☆ 법보시용으로 다량주문시
　　특별 할인해 드립니다.

☆ 원하시는 불경의 독송본이나
　사경본을 주문하시면 정성껏
　　편집·제작하여 드립니다.